Curiosités

Militaires

CATALOGUE

DES

CURIOSITÉS MILITAIRES

qui seront vendues

HOTEL DROUOT, SALLE N° 8

Le Lundi 13 Mars 1905

A 2 HEURES

Mᵉ V. TERNISIEN	**M. G. COURTOIS**
Commissaire-Priseur	*Expert*
10, RUE DE CHANTILLY, 10, PARIS	44, RUE POUSSIN, 44, PARIS

EXPOSITION PUBLIQUE

Le Dimanche 12 Mars 1905, de deux heures à six heures

CONDITIONS DE LA VENTE

La vente sera faite au comptant.

Les adjudicataires payeront *dix pour cent* en sus du prix d'adjudication.

· L'exposition permettant au public de se rendre compte de l'état et de la nature des objets, il ne sera admis aucune réclamation une fois l'adjudication prononcée.

DÉSIGNATION

DÉCORATIONS

1 — Couronne de Fer. Premier Empire.

2 — Croix de l'ordre de la Réunion, en or, modèle réglementaire. Premier Empire.

3 — Croix de chevalier de la Légion d'honneur, premier type Premier Empire.

4 — Une autre, variante.

5 — Croix de chevalier de la Légion d'honneur, troisième type, pointes non pommelées. Premier Empire.

6 — Croix du siège de Lyon, or et argent, variante du type connu.

7 — Croix de Saint Louis, en or, pointes non pommelées, type anté-
rieur à la Révolution.

8 — Une autre avec pointes pommelées.

9 — Plusieurs croix de Saint Louis, variantes. Restauration.

10 — Croix de chevalier de la Légion d'honneur. Restauration.

11 — Croix de la Fidélité. Restauration.

12 — Deux décorations du Lys, variantes. Restauration.

12 *bis* — Croix de chevalier de la Légion d'honneur, sixième type.
Louis-Philippe.

13 — Médaille de sauvetage. 1830.

14 — Croix de Juillet avec ruban rouge, liseré noir, avec écrin. 1848.

15 — Croix de chevalier de la Légion d'honneur. 1848, septième type.

16 — Plaque de Grand Officier de la Légion d'honneur. 1848.

17 — Plaque de grand Officier de la Légion d'honneur. Louis-Philippe.

17 *bis*. — Croix de chevalier de la Légion d'honneur, huitième type.
1852.

18 — Deux médailles de Sainte Hélène.

19 — Médaille de Sauveteur de la Méditerranée, fondée à Beaucaire par Jacques Fosse, l'Empereur protecteur, 23 Xbre 1862, avec ruban.

19 *bis*. — Croix de chevalier de la Légion d'honneur, neuvième type. Napoléon III.

20 — Médaille militaire, type 2.

21 — Une autre, type 4.

22 — Médaille du Mexique, avec ruban.

23 — Médaille de Madagascar par Roty, avec agrafe et ruban.

24 — Médaille de Crimée, avec agrafe et ruban.

25 — Médaille d'Italie.

26 — Plusieurs médailles coloniales.

27 — Palmes académiques.

27 *bis*. — Croix de Chevalier de la Légion d'honneur, dixième type. Actuel.

28 — Décorations étrangères.

29 — Médaille papale commémorative du siège de Rome, avec ruban.

3o — Décoration Russe, forme ovale, brodée, xviiie siècle.

31 -- Plaque, Mérite civil de Bavière, brodée.

32 — Plaque brodée, Isabelle la Catholique.

33 — Croix brodée, Ferdinand le Catholique.

34 — Plaque brodée, Léopold.

35 — Décorations omises.

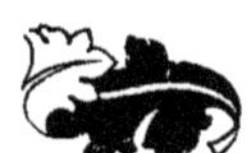

ARMES

36 — Sabre d'Officier. Gendarme du Roi. Louis XV.

37 — Sabre d'Officier d'Artillerie. Louis XV.

38 — Sabre d'Officier de Hussards. Louis XV.

39 — Plusieurs épées du xviiie siècle.

40 — Plusieurs sabres d'Officiers supérieurs, Cavalerie légère, fourreau garnitures cuivre à rocailles. Louis XV et Louis XVI.

41 — Sabre de Gendarme. Louis XVI.

42 — Sabre d'Officier supérieur de Hussards, dit à l'Allemande. Louis XVI.

43 — Sabre de Garde du corps du Grand Frédéric. xviiie siècle.

44 — Sabre ayant appartenu à Cathelineau (avec papiers d'origine).

45 — Glaive des Elèves de l'Ecole de Mars.

46 — Sabre d'Officier de Chasseurs de la Garde Nationale. Révolution.

47 — Plusieurs sabres d'Officier de la Garde Nationale . Révolution.

48 — Sabre d'Officier de Cavalerie légère, garnitures argent.

49 — Sabre-cimeterre, retour d'Egypte, Officier. Signé BOUTET, manufacture de Versailles.

5o — Sabre-cimeterre, argent doré, retour d'Egypte. Premier Empire.

5i — Sabre d'Officier de Marine. Consulat.

52 — Sabre d'Officier de Mamelucks.

53 — Sabre de Grenadier à cheval. Premier Empire.

54 — Plusieurs épées du Consulat et de l'Empire.

55 — Sabre d'Officier d'Infanterie de la Garde Impériale. Napoléon Ier.

56 — Sabre d'Officier Général. Premier Empire.

57 — Sabre de Dragon. Premier Empire.

58 — Sabre de la Garde Royale de Paris.

59 — Plusieurs sabres de Gardes du corps du Roi. Restauration, premier et second modèle.

60 -- Sabre donné par le Roi. Restauration.

61 — Garde d'épée de Général pair de France.

62 — Sabre des Carabiniers de Monsieur. Restauration.

63 — Sabre des Cuirassiers de la Reine. Restauration.

64 — Epée de Chevau-Léger. Restauration.

65 — Sabre de Tambour-Major. Restauration.

66 — Epée de l'Institut d'Egypte.

67 — Sabre de Gendarme du Roi. Restauration.

68 — Sabres de Garde du corps de Monsieur.

69 — Sabre de Mousquetaire noir. Restauration.

70 --- Epée de dito.

71 — Sabre de Mousquetaire gris. Restauration.

72 — Plusieurs épées Consulat et Empire.

73 — Quinze sabres Révolution et Empire. (Seront divisés.)

74 — Sabre de Tambour major. Garde Impériale.

75 — Fusil d'honneur donné par le 1er Consul au Cen Antoine Cottray, Mal des logis au 7e chasseurs à cheval, avec états de service.

> A l'affaire d'Otricoly il chargea deux pièces de canon qui défendaient l'entrée de la ville, mit en déroute les troupes qui les servaient, traversa un bataillon, alla s'emparer de son chef et le ramena prisonnier après avoir été blessé....
>
> A l'affaire de Clausterebrack reçut une balle qui lui emporta l'œil gauche et eut, à la bataille d'Austerlitz, une partie de la cuisse gauche emportée par un boulet....

75 — Fusil de Gendarme du Roi.

76 — Paire de pistolets de Gendarme du Roi.

77 — Fusils omis.

78 — Pistolets omis.

79 — Plusieurs pièces de canon.

80 — Une pièce de marine.

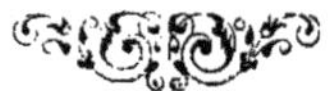

CUIVRERIE

81 — Hausse-col. Etranger, xviiie siècle.

82 — Boucle de ceinturon d'Officier. Louis XVI.

83 — Plaque de bonnet à poil d'Officier de la Garde Nationale. Révolution.

84 — Deux hausse-cols. Révolution.

85 — Plaque de sabretache de Chasseur de la Garde. Premier Empire.

86 — Plaque de bonnet à poil d'Officier des Grenadiers de la Garde Impériale. Premier Empire.

87 — Aigle de sabretache de Hussards, petite tenue. Premier Empire.

88 — Plaque de schako, losange, argentée, Officier de Chasseurs, n° 7. Premier Empire.

89 — Hausse-col des Grenadiers de la Garde. Premier Empire.

90 — Plaque de giberne, ovale, à l'aigle. Premier Empire.

91 — Trois aigles de gibernes et coiffures. Premier Empire.

92 — Boucles de souliers et de jarretières d'Officier des Grenadiers de Garde.

93 — Plaque de baudrier. Premier Empire.

94 — Plusieurs plaques et hausse-cols. Premier Empire.

95 — Cuivrerie omise au catalogue.

96 — Boucle de ceinturon, Mousquetaire noir. Restauration.

97 — Boucle de ceinturon de Garde Nationale à cheval. Restauration.

98 — Plaque de giberne de garde de la Porte. Restauration.

99 — Plaque de bonnet à poil, Suisses de la Garde royale. Restauration.

100 — Soleil de cuirasse de Carabinier de Monsieur. Restauration.

101 — Bouclerie de Mousquetaire. Révolution.

102 — Trois plaques de schako, Troupe et Officier. Restauration.

103 — Deux plaques de schako, officier. Louis-Philippe.

104 — Plaques de schapska, n° 4. Second Empire.

105 — Plateaux de Cent Gardes. Second Empire.

106 — Epinglettes de tir.

107 — Clef de Chambellan.

108 — Attributs de baudrier de Tambour-Major.

109 — Grande quantité de plaques de différents régimes, seront divisées.

110 — Modèles de gardes de sabres et d'épées.

112 — Ferrets d'aiguillettes.

113 — Bossettes.

114 — Mors, Mousquetaire gris. Louis XV et Louis XVI,

115 — Mors, Louis XV.

116 — Mors, Dragon. Révolution et Empire.

117 — Mors, Officier de Cavalerie légère. Premier Empire.

118 — Mors, Cuirassier de la Reine. Louis XVIII.

119 — Mors, Cuirassier de la Reine. Charles X.

120 — Boutons militaires.

121 — Mors, Lancier de la Garde. Napoléon III.

122 — Vingt-trois pièces plaques (seront divisées).

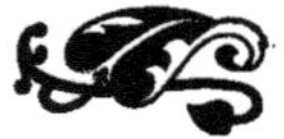

COIFFURES — CUIRASSES

123 — Casque de Dragon. Louis XVI.

124 — Bicorne d'officier. Premier Empire.

125 — Schako de Garde d'honneur. Troupe.

126 — Casque de Garde Municipale. 1830.

126 *bis*. — Casque essai de Dragon. 1830.

127 — Schako de Garde Nationale. Louis-Philippe.

128 — Casque de Dragon de la Garde. Second Empire.

129 — Casque de Garde de Paris. Second Empire.

129 *bis*. — Cuirasse de Cuirassier. Premier Empire.

130 — Casque et Cuirasse de Carabinier. Napoléon III.

131 — Cuirasse de Carabinier. Louis Philippe.

132 — Casque et Cuirasse de Garde du corps. Prusse. Premier Empire.

133 — Neuf Casques Etrangers.

134 — Neuf coiffures Etrangères.

135 — Coiffures de différentes époques.

136 — Cuirasses et Casques omis.

137 — Casque de Cuirassier actuel.

138 — Schako de Cuirassier actuel.

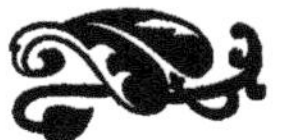

DIVERS

139 — Soubreveste de Cent Gardes, tenue de salon. Napoléon III.

140 — Sabretache et Ceinturon d'Artillerie de la Garde. Second Empire.

141 — Epaulettes de troupe et d'officier de différentes époques.

142 —· Dragonnes de troupe et d'officier de différentes époques.

143 — Boutons de troupe et d'officier de différentes époques.

144 — Giberne. Révolution.

145 — Giberne d'Artillerie de la Garde Royale.

146 — Deux habits brodés. Consulat.

147 — Habit de Trompette des Dragons de l'Impératrice. Premier Empire.

148 — Habit d'officier, France. xviiie siècle.

149 — Tenue d'Infanterie Légère. Premier Empire.

150 — Aquarelle par Maurice Orange.

151 — Zouave assis, bronze, par Frémiet.

152 — Soldat d'Infanterie de Ligne, bronze, par Frémiet.

153 — Grenadier de la Garde Consulaire, bronze équestre par Tour-
GUENEFF.

154 — Cuirassier, bronze équestre par Frémiet.

155 — Carabinier, bronze équestre par Frémiet.

156 — Objets omis au présent catalogue.

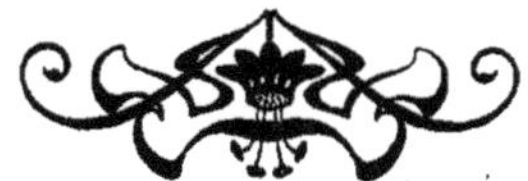